AF356780

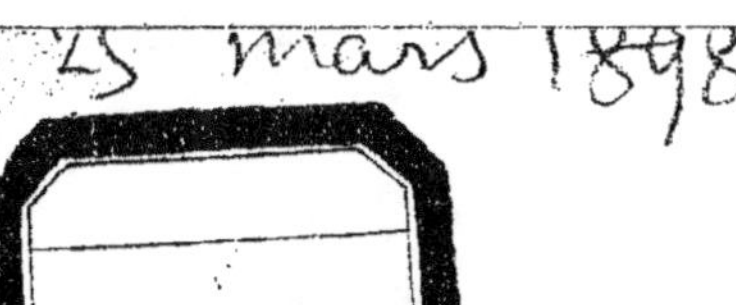

CATALOGUE

DES

TABLEAUX

Aquarelles, Dessins

PAR

E. DEZAUNAY

DONT LA **VENTE** AURA LIEU

A PARIS, HOTEL DROUOT, SALLE N° 8

Le Vendredi 25 Mars 1898

A TROIS HEURES PRÉCISES

PRÉFACE D'ARSÈNE ALEXANDRE

Mᵉ JULES GUILLET	**M. CUEREL**
COMMISSAIRE-PRISEUR	PEINTRE-EXPERT
5, Rue Fénelon, 5	10, Rue Eugène-Suë, 10

EXPOSITIONS

PARTICULIÈRE : Le Jeudi 24 Mars 1898, de 2 heures à 6 heures.
PUBLIQUE : Avant la Vente, de 1 h. 1/2 à 3 heures.

CONDITIONS DE LA VENTE

La vente sera faite *expressément* au comptant.

Les acquéreurs payeront en sus des adjudications *cinq pour cent.*

Ces tableaux, aquarelles et dessins seront vendus avec interdition formelle du droit de reproduction.

Paris. — Imp. artistique Ménard & Chaufour, 8-10, rue Milton.

ÉMILE DEZAUNAY

Emile Dezaunay est un artiste comme je voudrais en voir beaucoup, mais dont l'espèce est plus rare qu'on ne pense.

C'est un peintre simple et franc, un homme sans détours, que la vie intéresse et amuse, et qui n'a pas honte de le dire. Il aime son métier sans y chercher la petite bête et ce métier sent la sincérité, la bonne humeur et une philosophie de brave homme, aussi éloignée de l'anémie prétentieuse de certains jeunes que de la sécheresse de certains vieux.

Aussi est-on de suite à l'aise avec lui ; on prend plaisir à regarder ses paysans de la mer, ses mathurins aux trognes hâlées, aux mains calleuses, aux barbes de crin-dur, ses Bretonnes si pures et si fraîches quand elles sont jeunes, si coriaces quand elles sont mures, ses croquis de marchés et de pardons, si justes, si vifs et si

rrais, oui, on prend plaisir à regarder tout cela comme
il a lui-même pris plaisir à le peindre.

Il y a des gens qui croient que l'art est quelque chose
de satanique, de mystérieux et de fatal ; il y en a
d'autres qui le prennent pour quelque chose de sévère,
de guindé, avec des articles d'un code rébarbatif per-
mettant ceci, défendant cela. Ni ceux-ci, ni ceux-là,
ne soupçonnent que l'art véritable n'a pas de préjugés,
que c'est une besogne simple et gaie, à laquelle on
doit se livrer pour s'amuser et amuser son prochain.

C'est ainsi qu'en jugèrent nos pères, et tous les
grands artistes des temps passés; Quand on sait le voir
et le comprendre, il n'y a rien de gai et de bienveillant,
rien d'accueillant et de bon gré, comme l'art des plus
grands maîtres. Même en poursuivant les visées les
plus nobles, même en exprimant les idées les plus élevées,
ils demeurent souriants, affectueux, ouverts, pleins
d'entrain et de bonhomie. Et si vous vous faites d'eux
une autre idée c'est que vous ne le comprenez pas ou
que vous ne voulez pas le comprendre.

La bonhomie ! Qualité infiniment rare de notre
temps, où abondent les poseurs et les habiles impuis-
sants, — et qualité qui au contraire coulait à pleins
bords jadis dans notre admirable école française. La
bonhomie, qualité précieuse, et qui n'exclut ni la dis-
tinction de la forme ni l'éloquence des idées. Etudiez
l'art français, aussi bien à la cathédrale de Chartres,

que dans les tableaux de Watteau ou de Chardin, et vous y verrez cette franchise, cette bonne humeur, cet entrain, cette acceptation de la vie, qui ont été et sont encore en dépit des modes et des idées fausses, les vraies qualités et les vraies dominantes de notre race et de notre art.

Émile Dezaunay apporte sa note bien à lui. Il est français dans le brave et bon sens du mot. Son art est à la fois populaire et raffiné ; il est candide et malicieux : malicieux quand il regarde, candide quand il raconte. Il accepte les êtres comme ils se présentent, pourvu qu'ils soient typiques, et bien vivants. Si c'est une fillette, une jeune femme avec un teint frais et des cheveux de lumière, il la peindra avec une légèreté de main et une finesse gaie de couleur.

Si c'est un vieux galet humain, bien rongé, bien moussu, bien rude, il rendra vigoureusement les ravines de son nez, les falaises de ses joues, les broussailles de sa tignasse et de sa barbe.

Ce qui m'amuse et me charme dans cette œuvre si convaincue et si dénuée de prétention, c'est justement ce mélange de rudesse et de délicatesse. M. Dezaunay a la tendresse particulière aux hommes dont l'abord est bourru. Ils savent à l'occasion être sensibles et tendres comme pas un.

Les tableaux que vous verrez exposés ici vous procureront une première impression large et brusque.

Puis, en les regardant plus en détail, vous serez surpris de tout ce qu'il y a de finesse dans ces images franches et heurtées en apparence. C'est que tout cela se passe en pleine lumière, en plein air, en pleine couleur, et qu'il faut une éducation spéciale de l'œil pour saisir du premier coup les subtilités dans la clarté. Nous avons, par un préjugé de notre temps et de nos modes, attribué toute la subtilité aux seules demi-teintes, où elle se rencontre aussi, certes, mais pas exclusivement.

Toute cette œuvre de M. Emile Dezaunay, qui nous avait déjà été révélée l'année par une exposition partielle, sent bien la Bretagne et la vieille France. C'est pour cela qu'elle sera goûtée de tous ceux qui aiment les images vraies, et de ces amateurs, il en reste heureusement encore. De plus, cette œuvre révèle aussi une joie de peindre, un entrain et beaucoup de savoir, mais qui ne s'affiche pas ; cela attirera l'attention de ceux qui aiment le bon métier ; de ceux-ci non plus la race n'est pas perdue.

Telle tête de petite Bretonne, de mousse, de vieux marin, par la légèreté ou la vaillance de l'exécution, fait songer à une espèce de Franz Hals de village, sain et joyeux. Il est certains tableaux d'un réel intérêtet vraiment à part : ces choisisseuses d'étoffes que le peintre intitule : Coin de Marché à (Pont-Croix), si attentives, si affairées, certaines quasi monacales, et méditant l'achat d'une aune de jaconas avec la gravité d'une clarisse priant pour la rédemption de l'humanité; ou bien encore ce vieux Joueur de biniou, qui gonfle ses joues pour tirer de son instrument les cris les plus intenses, tandis que que deux jeunes filles songent vaguement à ces mondes que les sons évoquent dans l'esprit des plus humbles comme dans celui des plus cultivés.

Dans ces peintures que de trouvailles d'harmonie claire! Les beaux noirs des robes de femmes, les tons bariolés des coiffures, les carnations vives, les bleus crus des blouses, se choquent et s'accordent avec une belle tranquillité.

Aurions-nous, tout de bon, une école bretonne? On serait désireux qu'il y en eût une, avec des peintres comme Dezaunay, commé son ami Maufra nature également rude et tendre; et l'on trouverait encore des exemples.

Quoi qu'il en soit, j'ai bonne confiance dans la destinée cette œuvre. Je pourrais invoquer l'autorité de notre cher et grand Puvis de Chavannes qui connaît bien notre artiste et qui fait cas de lui. M. Dezaunay a jadis travaillé à l'atelier du maître; il y a puisé le haut et simple enseignement grâce-auquel un artiste véritable peut suivre sa voie.

Mais si cela était à signaler, je ne veux pas y insister davantage, car pendant des années de conversation

avec la nature, loin de Paris et loin des discussions
d'atelier, M. Dezaunay s'est fait cette manière à lui,
dont j'ai cherché à analyser le mélange complexe,
mais naturel et logique, de vigueur et de légèreté, qui
se retrouve dans les travaux les plus importants comme
dans les croquis les plus sommaires et les plus vive-
ment tachés.

Arsène ALEXANDRE.

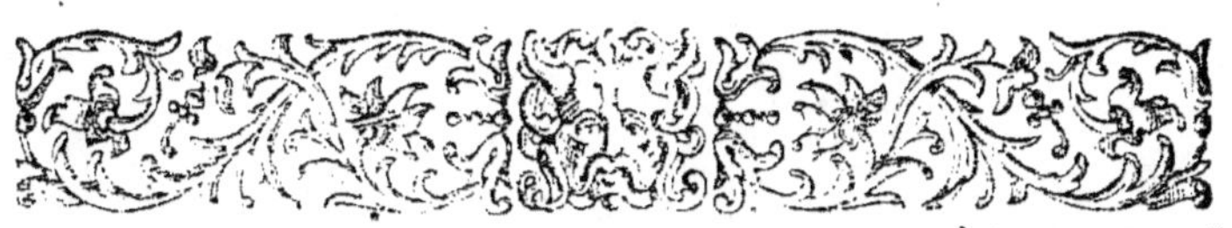

DÉSIGNATION

Tableaux

1 — *Le Biniou.*

100 × 81

Dans un intérieur de cabaret breton des femmes et des enfants écoutent avec intérêt l'aveugle Jérôme, le joueur de biniou.

2 — *Cour de marché à Pont-Croix.*

100 × 81

Des Bretonnes de la campagne marchandent une pièce d'étoffe à une vendeuse.

3 — *Les poissons rouges.*

$$100 \times 73$$

Trois enfants dans un jardin s'amusent à regarder des poissons rouges dans un aquarium.

4 — *Jeune fille arrangeant des fleurs.*

$$94 \times 66$$

5 — *Marins sur le quai.*

$$92 \times 65$$

Quatre marins causent en attendant la marée, au loin la mer et les bateaux.

6 — *Marins et Terriens.*

Plusieurs marins causent, parmi eux se trouve un habitant des montagnes noires.

7 — *Marins au cabaret.*

$$94 \times 66$$

Assis devant des verres d'alcool des marins écoutent un vieux loup de mer racontant ses exploits.

8 — *Songeuse.*

65 × 54

Une petite fille derrière une fenêtre dont les rideaux rouges sont relevés regarde la campagne et songe.

9 — *Mousses.*

55 × 46

10 — *Servante de café.*

38 × 55

11 — *Petite fille bretonne au coin du feu.*

12 — *Garrage de bateaux.*

13 — *Le Buveur d'eau-de-vie.*

14 — *Fillette bretonne assise.*

15 — *Pêcheurs bretons.*

16 — *Baignade en Loire.*

17 — *Paysage.*

Effet de neige.

18 — *Moulin dans les dunes.*

19 — *A l'abri de la tempête.*

20 — *Mousse en surois.*

21 — *Mousse.*

Effet de lumière.

22 — *Petite fille au ruban rose.*

23 — *Jeune femme à l'ombrelle.*

24 — *Fillette dans un fauteuil.*

25 — *Paysage.*

Port de Noirmoutier.

26 — *Jeune fille à la fenêtre.*

Quimper.

27 — *Marins fumant la pipe.*

28 — *Fritouzen.*

29 — *Paysage Camaret.*

30 — *Fillettes cousant.*

3i — *Gamines au bord de l'eau.*

32 — *Pêcheurs au bord de la mer.*

33 — *Le Lever.*

34 — *La Tsarine.*

Aquarelles

35 — *Marchandes de Beurre.*

36 — *Femme de Rosporden, pétrissant le pain.*

37 — *Marché à Noirmoutier.*

38 — *Coin de Marché.*

39 — *Les Commères au Marché.*

40 — *Fin de Marché.*

41 — *Coin de Marché à Noirmoutier.*

42 — *Sablaise.*

43 — *Marché à Douarnenez.*

44 — *Foire à Douarnenez.*

45 — *Coin de Marché à Douarnenez.*

46 — *Chemin conduisant au Marché.*

47 — *Foire à Pont-Croix.*

48 — *Foire à Pont-Croix.*

49 — *Marché à Audierne.*

50 — *Retour des Sardiniers à Audierne.*

72 — *Femme de Beuzec.*
(Finistère).

73   *Femme devant sa porte.*
Le soir.

74 — *Gamines au bord de l'eau.*

75 — *Jeune Paysanne causant.*

76 — *Chargement de sel.*
Port de Noirmoutier.

77 — *Arc-en-ciel.*

78 — *Port de Noirmoutier.*
Mi-marée.

79 — *Église de Noirmoutier.*

80 — *Cuisiniers.*

81 — *Temps de pluie.*

82 — *Marins dansant.*

83 — *Retour sur la jetée à Douarnènez.*

84 — *Pêcheurs à terre.*

85 — *Place de Lock-Renan.*
(Finistère).

86 — *Enfant à Rosporden.*

Dessins

87 — *Vieille Bretonne.*

88 — *Jeune Fermière à Rosporden.*

89 — *Jeune Fille épluchant des légumes.*

90 — *Femme de Rosporden.*

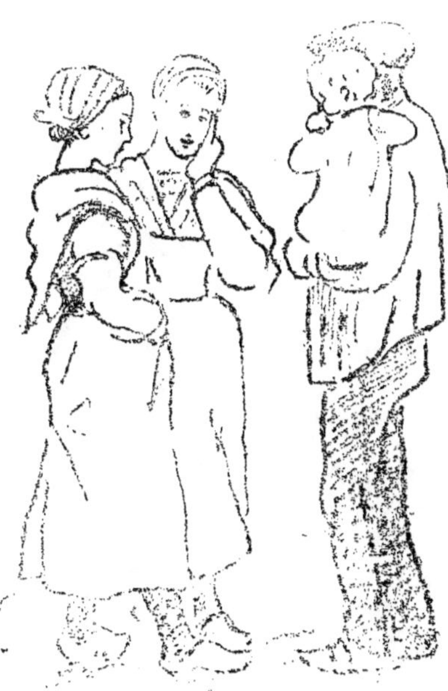

MONSIEUR,

Nous avons l'honneur de vous inviter à visiter

L'EXPOSITION PARTICULIÈRE

des **Tableaux, Aquarelles, Dessins**

par **E. DEZAUNAY** *qui aura lieu le*
Jeudi 24 Mars 1898, *de 2 heures à 6 heures.*

Hôtel Drouot, Salle n° 8

et dont la VENTE *aura lieu le* Vendredi 25 Mars 1898,
à 3 heures précises.

Mᵉ GUILLET   **M. F. CUÉREL**
COMMISSAIRE-PRISEUR   EXPERT
5, Rue Fénelon, 5   10, Rue Eugène-Suë, 10

Chez lesquels se distribue le Catalogue